Fische in Aquarien fotografieren

Arthur Bitterl

Glas, schwieriges Licht, Reflexionen, Kratzer – Aquarien zu fotografieren ist eine echte Herausforderung. Mit diesem Ratgeber bekommen Sie die häufigsten Probleme in den Griff.

Bibliografische Information der Deutschen Nationalbibliothek:

Die Deutsche Nationalbibliothek verzeichnet diese Publikation in der Deutschen Nationalbibliografie; detaillierte bibliografische Daten sind im Internet über http://dnb.d-nb.de abrufbar.

Impressum:

Copyright © 2013 GRIN Verlag, Open Publishing GmbH
Umschlaggestaltung: Open Publishing GmbH
Coverfoto: Flickr, Happy Come, Aquarium

Druck und Bindung:

Books on Demand GmbH, Norderstedt, Germany

Inhaltsverzeichnis

Ausrüstung

System- oder Spiegelreflexkameras bieten enorm viele Einstellungsmöglichkeiten und damit die beste Bildkontrolle. Sie müssen jetzt aber nicht gleich tief in die Tasche greifen, denn auch die meisten Kompaktkameras haben manuelle Einstellmöglichkeiten.

System- und Spiegelreflexkameras

Ob Sie mit einer superteuren High-End-Kamera oder einem aktuellen Einsteigermodell fotografieren ist egal, die nötigen Funktionen sind bei allen SLRs vorhanden. Ein schneller Autofokus hilft allerdings enorm.

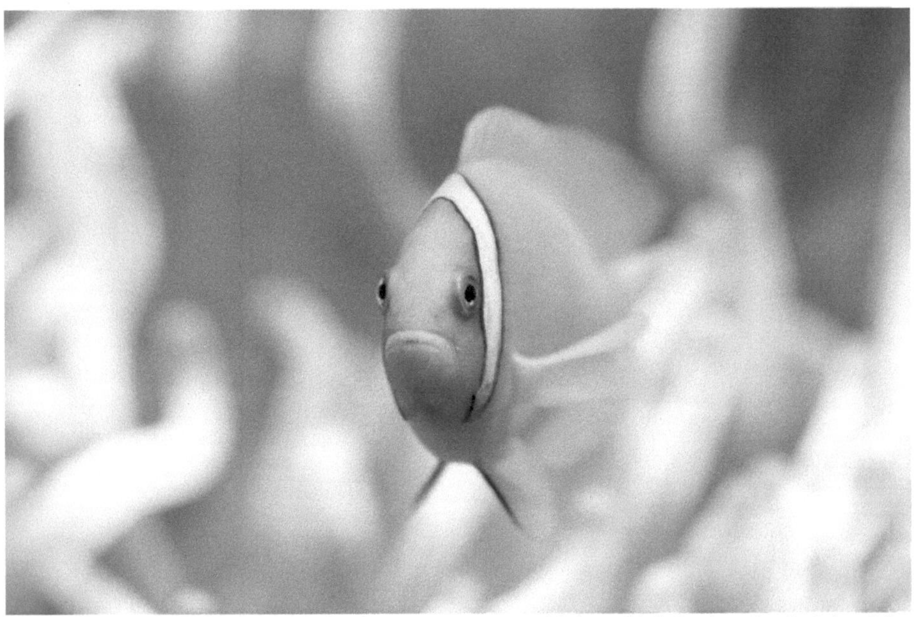

Abbildung 1: Die Schärfentiefe des hier eingesetzten Makroobjektivs beträgt bei der Offenblende nur wenige Millimeter. Dadurch hebt sich der Kopf des Fisches klar vom in Unschärfe verschwimmenden Hintergrund ab. (Canon EF 100 mm Makro, F/2,8, ISO 800, 1/50) Bildquelle: Münchner Tierpark Hellabrunn

Welche Rolle spielt das Objektiv?

Das Objektiv ist wichtig, denn gute Bilder macht man nur mit einem guten Objektiv. Mit lichtstarken Objektiven können Sie zum Beispiel kürzere Belichtungszeiten einstellen und somit schnell schwimmende Fische besser fotografieren.

Für Fische in einem kleinen Aquarium greifen Sie am besten zu einem Makroobjektiv. Die Naheinstellgrenze liegt bei wenigen Zentimetern, so dass Sie Fische selbst dann problemlos anvisieren können, falls sie dicht vor der Kamera vorbeischwimmen. Besitzen Sie kein Makroobjektiv, verwenden Sie einfach das Objektiv mit der kleinsten Naheinstellgrenze.

In großen Aquarien schwimmen meistens besonders große oder scheue Exemplare. Diese Situation können Sie mit einer mittleren Brennweite oder einem Teleobjektiv problemlos meistern.

Unabhängig vom Motiv haben Festbrennweiten einen Vorteil, falls man nah an der Scheibe fotografiert: Die Länge des Objektivs verändert sich beim Fokussieren nicht und man kann sich dadurch voll auf das Motiv konzentrieren.

Kompaktkameras

Grundsätzlich sollte die Kamera mindestens einen 12-Megapixel-Sensor besitzen. Ein Bildstabilisator wäre auch nicht schlecht, aber wichtiger ist die Fähigkeit, Makroaufnahmen zu machen, weil die Distanz zum Fisch selten größer als 50 cm ist.

Die Kompaktkamera hat hier bauartbedingt einen entscheidenden Vorteil: Mit den meisten Modellen können Sie im Makromodus bis auf einen Zentimeter an das Motiv herangehen. Manche Kompaktkameras haben sogar einen Aquarienmodus, so wie die von mir verwendete Canon Ixus 200 IS.
Mit einer Kompaktkamera sind Aquarienfotos dennoch ungleich kniffliger, weil die meisten Geräte keinen optischen Sucher haben. Alle Einstellungen und der Fokuspunkt müssen per Touch-Display ausgewählt werden. Ich hatte vor allem das Problem, dass ich auf dem Touch-Display oft nicht den richtigen Fokuspunkt getroffen habe und der Fisch über alle Berge war, bevor ich korrigieren konnte. Deswegen bin ich dazu übergegangen, nicht den One-Shot-, sondern den Servofokus zu benutzen.

Smartphones

Viele Smartphones eignen sich leider nicht für Aquarienfotos. Moderne Pixel-Monster stoßen spätestens bei der finalen Bildqualität an ihre Grenzen, denn die Kameralinse und der Bildsensor sind auch bei diesen teuren Luxusmodellen sehr klein. Außerdem dauert das Scharfstellen sehr lang und viele Bilder verwackeln schon deshalb, weil man zum Auslösen auf den Bildschirm tippen muss.

Bei Aquarienfotos ist aber vor allem die vergleichsweise kleine Linse ist ein Problem, denn in Aquarien ist es schlicht und ergreifend sehr dunkel. Durch die kleine Linse und wegen des knappen Umgebungslichts erreicht nur wenig Licht den Sensor. Die Technik versucht dies auszugleichen und das Bild heller zu rechnen. Sogenanntes Bildrauschen ist die Folge.

Ich habe für Sie ein paar Tipps für die Aquarienfotos mit dem Handy zusammengestellt. Die beste Kamera ist schließlich immer die, die man dabeihat.

1. Stellen Sie Bildqualität und Auflösung auf Maximum.

2. Deaktivieren Sie den Blitz, denn der könnte die Fische tödlich erschrecken.

3. Reinigen Sie die Linse. Grade Fingerabdrücke schmälern die Bildqualität erheblich.

4. Suchen Sie sich ein gut beleuchtetes Aquarium aus. Je heller es ist, desto einfacher wird es.

5. Haben Sie ein geeignetes Becken gefunden, wählen Sie ein konkretes Motiv. Beispielsweise einen Fisch, der sich im vorderen Bereich des Aquariums tummelt.

6. Mit vielen Smartphones kommt man auf wenige Zentimeter an das Motiv heran. Nutzen Sie diese Funktion für interessante und ungewöhnliche Detailaufnahmen.

7. Legen Sie Smartphone direkt an die Scheibe. So haben Sie nicht nur eine stabile Ausgangsposition sondern verhindern gleichzeitig Spiegelungen oder Reflexionen auf dem Foto.

8. Machen Sie nicht nur ein Foto. Wählen Sie das schönste Bild in Ruhe am großen Bildschirm daheim aus.

Zubehör

Stativ

Ein Stativ ist für scharfe und unverwackelte Bilder nie verkehrt!
Vor allem nicht bei Fotos im Makrobereich.

Bohnensack

Der Bohnensack ist der kleine Bruder des Stativs. Wenn Sie Ihre
Kamera auf einem Tisch oder einer anderen erhöhten Fläche ab-
legen, dient der Bohnensack als praktischer Stabilisator.

Fernauslöser

Wenn Sie Ihren Motivhintergrund ausgewählt haben und nur
noch auf den richtigen Fisch warten, ist ein Fernauslöser viel wert.
Im Makrobereich fallen damit die Erschütterungen weg, die beim
Drücken des Auslösers an der Kamera entstehen. Die Kamera
muss dafür auf einem Stativ stehen.

Gegenlichtblende

Eine Gegenlichtblende schirmt das von der Seite kommende Licht
ab.

Polfilter

Mit einem Polfilter können Sie Spiegelungen verhindern, das Bild
wird klarer und Kontraste treten deutlicher hervor. Ein Polfilter
schluckt aber nicht nur die von der Glasscheibe abgelenkten Licht-
wellen, sondern auch einiges von der Lichtmenge, die auf den Sensor trifft. Verwenden Sie Polfilter deswegen nur bei sehr gut ausgeleuchteten Aquarien.

Probleme und Lösungen

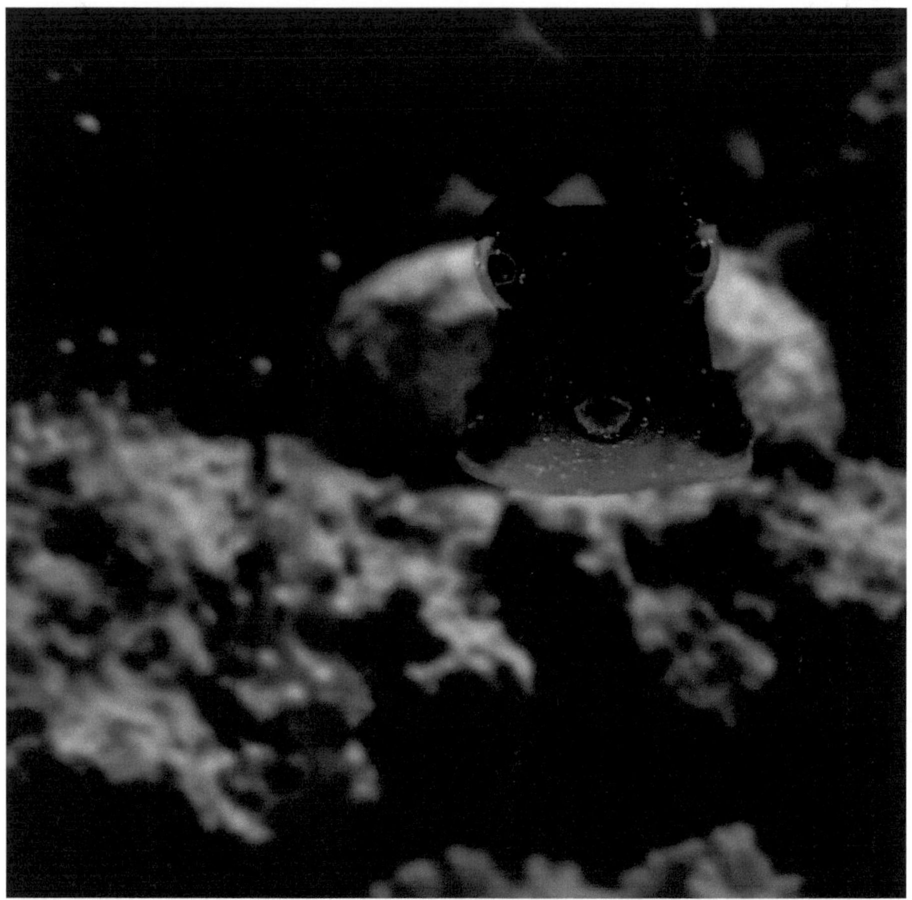

Abbildung 2: Ein kleiner Kuhkofferfisch im Halbdunkel. (Canon EF 50 mm, F/2,8, ISO 800, 1/50)

Problem 1: Aquarien sind nicht gut beleuchtet.

Viele Fische lieben es dunkel. Daheim ist man Herr über die Beleuchtung, aber im Zoo(-laden) muss man mit den meist problematischen Lichtverhältnissen zurechtkommen.

Verwenden Sie keinen Blitz! Auch wenn er in dieser Situation einiges erleichtern würde, muss der Blitz in der Tasche bzw. eingeklappt bleiben. Einige Fischarten sind sehr stressempfindlich und können durch das Blitzlicht einen lebensbedrohlichen Schock erleiden. Das Wohl der Tiere geht immer vor.

Bitte achten Sie darauf, dass Sie die Auto-Blitz-Funktion abgeschaltet haben.

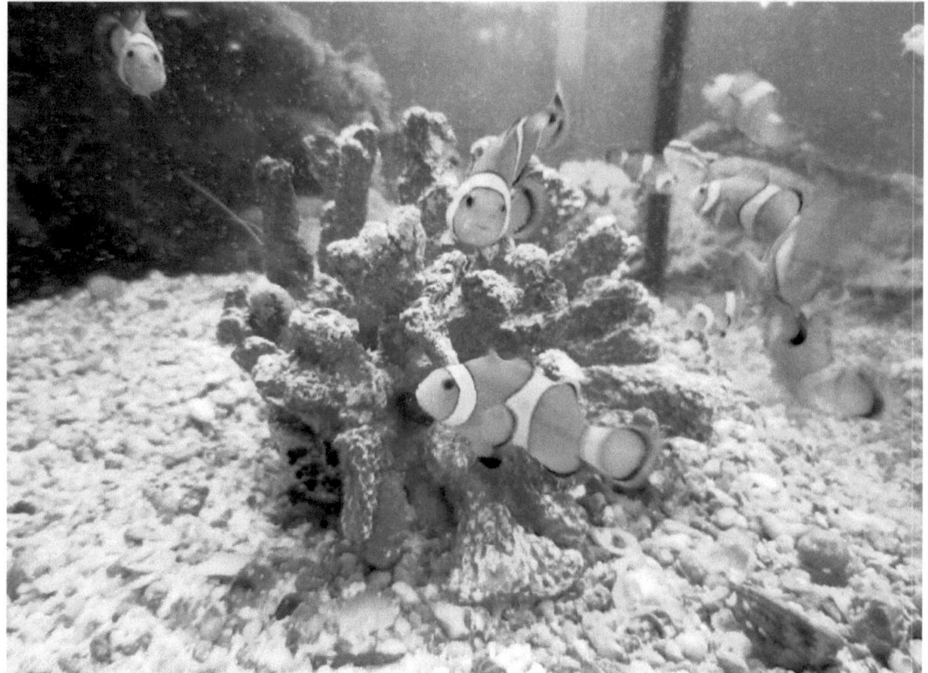

Abbildung 3: Kompaktkamera im Weitwinkelmodus. Ein Beispiel für ein Aquarium im Dämmerlicht.

Belichtungszeit vorgeben

Da sich die Tiere bewegen, hilft eine lange Belichtungszeit nicht weiter. Wählen Sie die Blendenautomatik für erste Testbilder und finden Sie die beste Belichtungszeit heraus, während die Blende von der Kamera ausgewählt wird. Je knapper das Aquarium beleuchtet ist, desto eher wird die Kamera die kleinstmögliche Blende verwenden. Mit einer möglichst kurzen Belichtungszeit können Sie die Bewegung des Fisches einfrieren.

Bei der Wahl der Belichtungszeit gilt als Faustregel, dass die Belichtungszeit dem Kehrwert der Brennweite entsprechen soll. Für eine Brennweite von 50 mm beträgt die Belichtungszeit mindestens 1/50 s.

Lichtempfindlichkeit des Bildsensors erhöhen

Wenn Sie eine höhere ISO-Zahl auswählen, kommt der Bildsensor in der Kamera mit weniger Licht aus. Das muss bei ansteigender ISO-Zahl mit einer Qualitätseinbuße bezahlt werden, denn das Bildrauschen nimmt zu. Ich empfehle daher, die ISO-Automatik einzusetzen und den ISO-Wert nach oben zu begrenzen – etwa auf ISO 800 bei Spiegelreflexkameras und ISO 400 bei Kompaktkameras.

Ein gut beleuchtetes Aquarium auswählen

Suchen Sie sich ein gut beleuchtetes Becken in einer ruhigen Ecke aus. Nehmen Sie sich Zeit und beobachten Sie die Tiere: Einige Fische haben bevorzugte Routen und schwimmen immer wieder an der gleichen Stelle vorbei. Picken Sie sich einen langsamen, aber kontrastreichen Fisch heraus und sparen Sie nicht mit Testaufnahmen.

Tipps für die Spiegelreflexkamera:

Verwenden Sie am besten das mittlere Fokusfeld. Bereits bei der kleinsten Bewegung des Fisches sollten Sie neu fokussieren.

Verwenden Sie den Autofokus. Sie können natürlich auch manuell scharf stellen, jedoch wird der Fisch oft auf und davon sein, bevor Sie ihn scharf gestellt und abgedrückt haben.

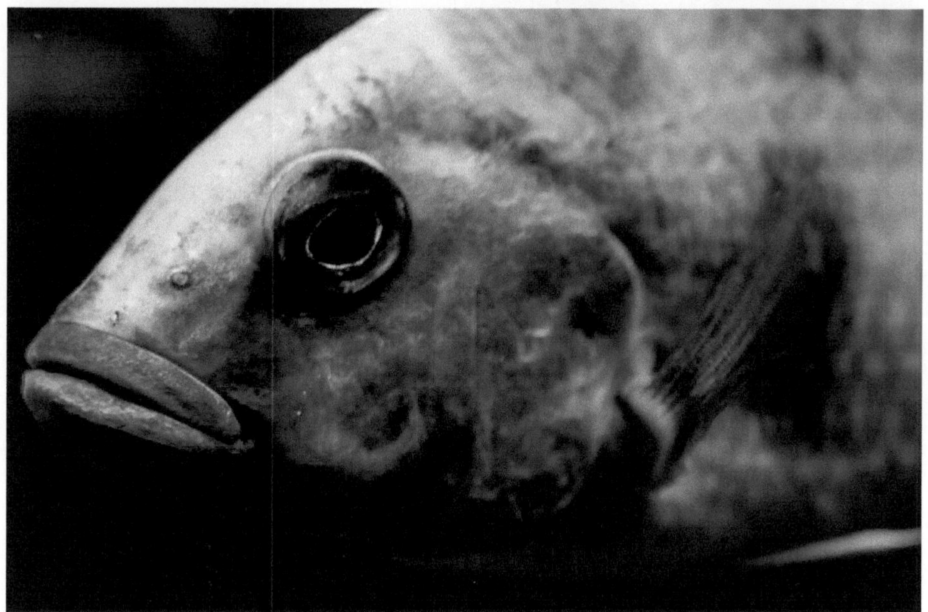

Abbildung 4: Fokussieren Sie wenn möglich auf das dem Betrachter zugewandte Auge.

Tipps für die Kompaktkamera:

Je nach Motiv können Sie den Autofokus ausschalten, damit die Kamera sofort auslöst. Stellen Sie die Schärfe auf „unendlich" und verwenden Sie den kleinsten Zoomfaktor. Die Kamera kommt dann mit weniger Licht aus.

Problem 2: Schärfe hinter Glas

Wie ein Filter vor einem Wechselobjektiv verschlechtert das Glas zwischen Kamera und Fisch die Bildqualität. Je spitzer der Winkel ist und je dicker die Scheibe, desto schlechter wird das Bild, bzw. desto schwieriger wird es, den Fokuspunkt zu finden.

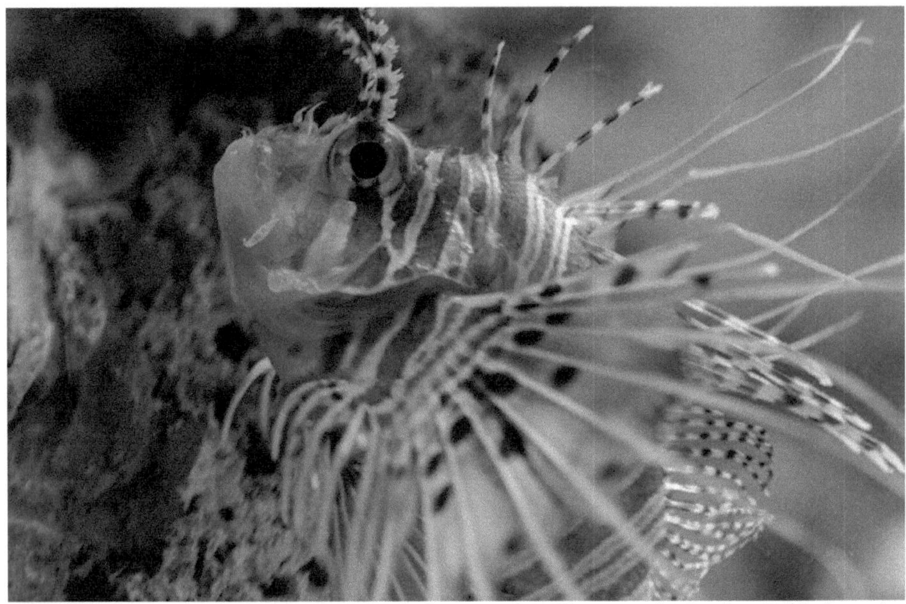

Abbildung 5: Der spitze Aufnahmewinkel gegen das Glas verschiebt den Schärfepunkt (Canon EF 100 mm Makro, F/2,8, ISO 800, 1/200). Bildquelle: Münchner Tierpark Hellabrunn

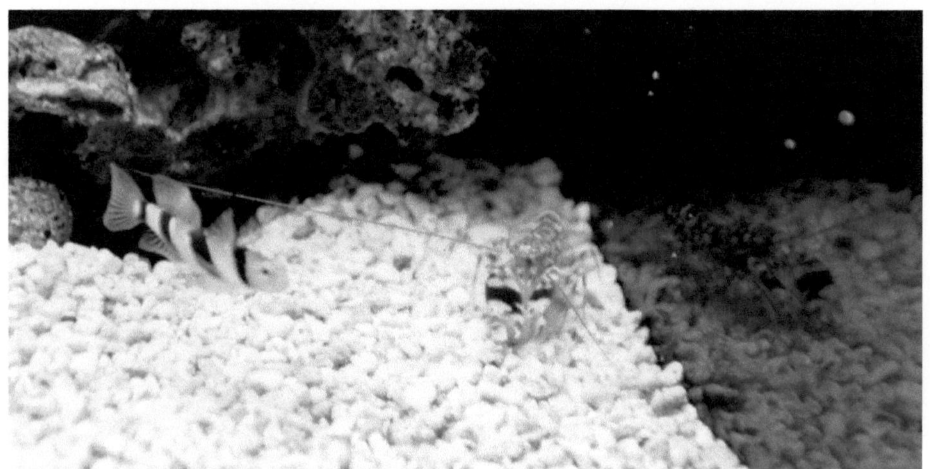

Abbildung 6: Die Aquarienscheiben machen das Fokussieren zusätzlich schwer. Bildquelle: Münchner Tierpark Hellabrunn

Nehmen Sie mit Ihrer Kamera einen möglichst stumpfen Winkel ein. Im Idealfall verläuft der Sensor Ihrer Kamera parallel zur Aquarienscheibe.

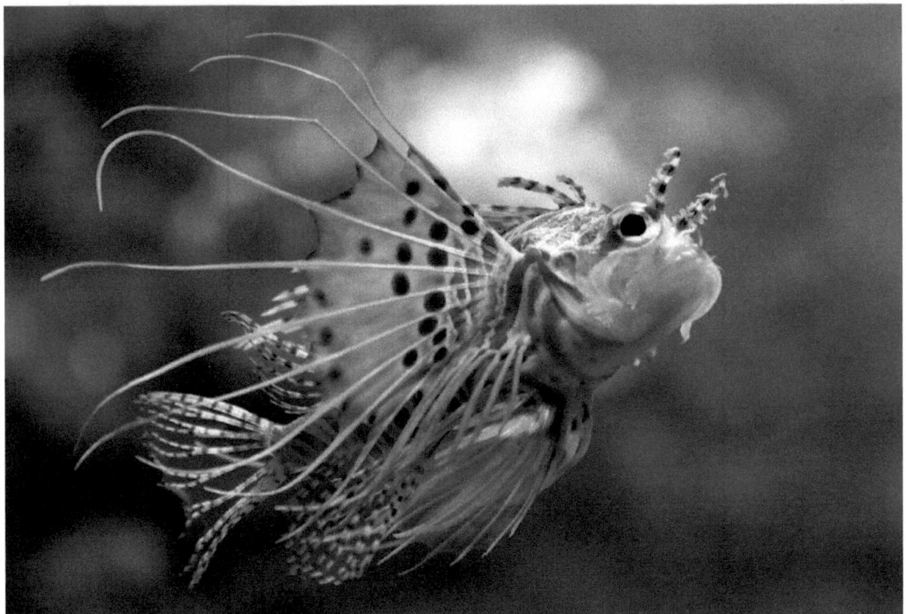

Abbildung 7: Glücksfall: Der Rotfeuerfisch schwimmt fast parallel zur Scheibe vorbei (Canon EF 100 mm Makro, F/2,8, ISO 800, 1/200). Bei diesem Foto stand ich genau vor der Aquarienscheibe und habe die Kamera nur ganz leicht nach oben gekippt. Der Abstand zum Glas betrug ca. 20 cm. Bildquelle: Münchner Tierpark Hellabrunn

Problem 3: Spiegelungen

Vielleicht hatten Sie neben den Fischen auch schon störende Spiegelungen – z. B. von anderen Tierparkbesuchern – auf Ihren Aquarienfotos. Dieser Effekt tritt immer dann auf, wenn man in einem spitzen Winkel zur Glasscheibe fotografiert und wird stärker, je mehr Lichtquellen man im Rücken hat.

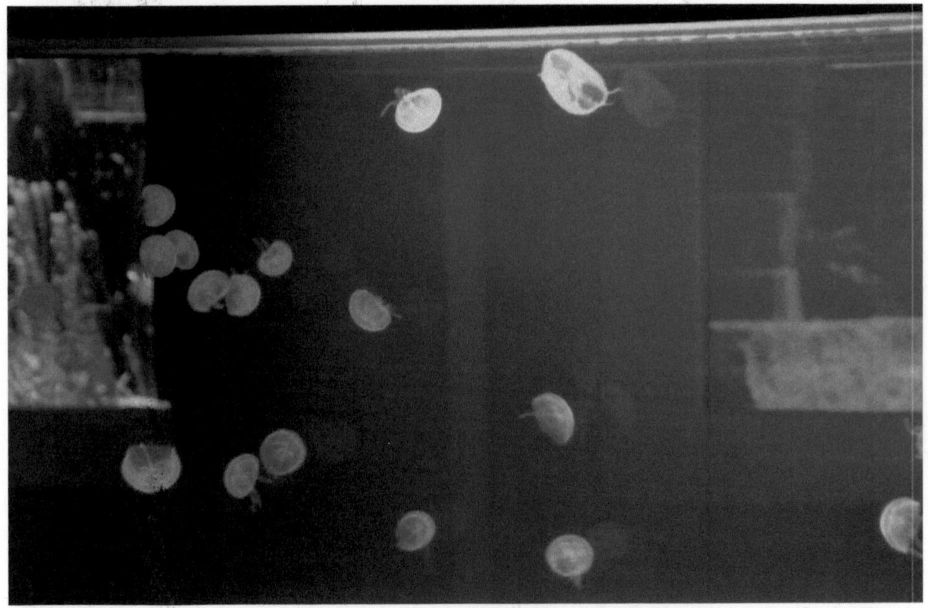

Abbildung 8: Deutliche Spiegelung auf dem Quallenbecken. Bildquelle: Münchner Tierpark Hellabrunn

Lösung: Einsatz einer Gegenlichtblende

Verwenden Sie eine Gegenlichtblende, wenn Sie ein großes Aquarium fotografieren und die Fische nicht direkt an der Scheibe vorbeischwimmen. Gegenlichtblenden aus Gummi sind besonders praktisch: Da sie flexibel sind, schließt der Gummi jegliches Licht von außen aus, wenn Sie die Blende direkt aufs Glas aufsetzen. Gegenlichtblenden aus Plastik können tun es aber auch.

Kleine Aquarien sind ungleich kniffliger. Mit einem Makroobjektiv und einer Gegenlichtblende können Sie aber auch hier sehr nah an die Scheibe herangehen.

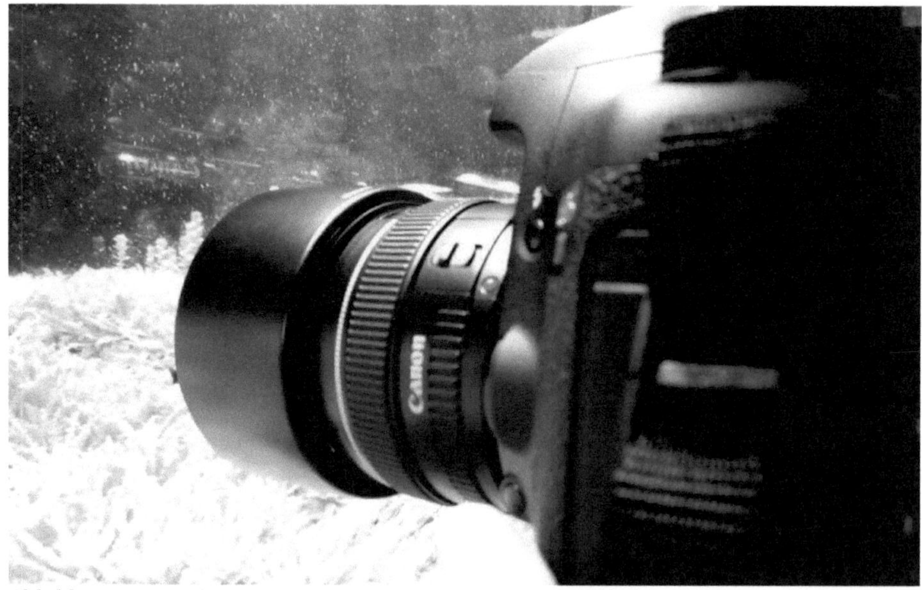

Abbildung 9: Mit der Gegenlichtblende kann man das Objektiv direkt an die Scheibe pressen. Störende Lichtquellen werden so einfach ausgesperrt.

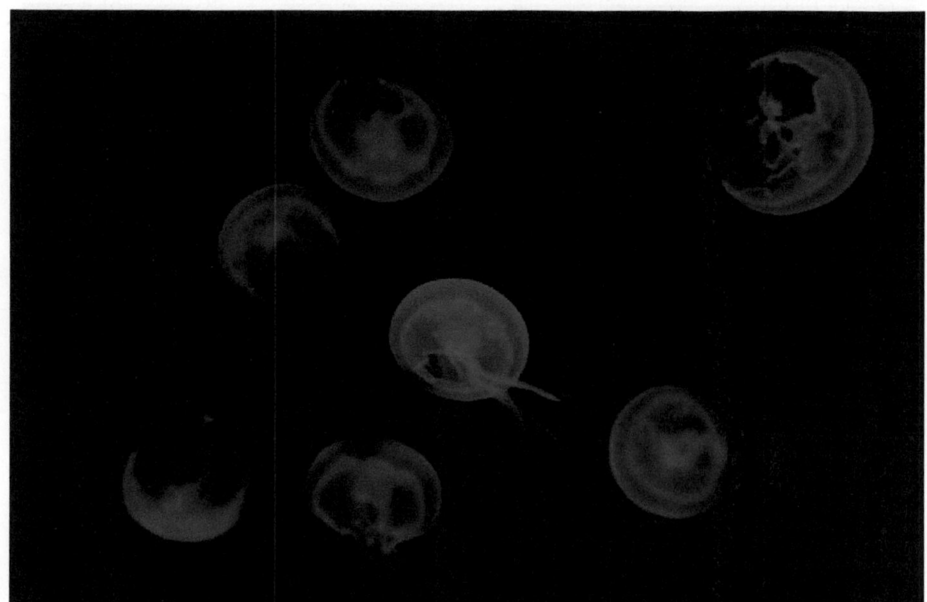

Abbildung 10: Für dieses Foto habe ich die Kamera parallel zur Aquarienscheibe ausgerichtet und auf einen ungestörten Moment gewartet. Der Abstand zum Glas betrug ca. einen Meter. (Canon EF 70-200 mm, F 2/8, ISO 2500, 1/320) Bildquelle: Münchner Tierpark Hellabrunn

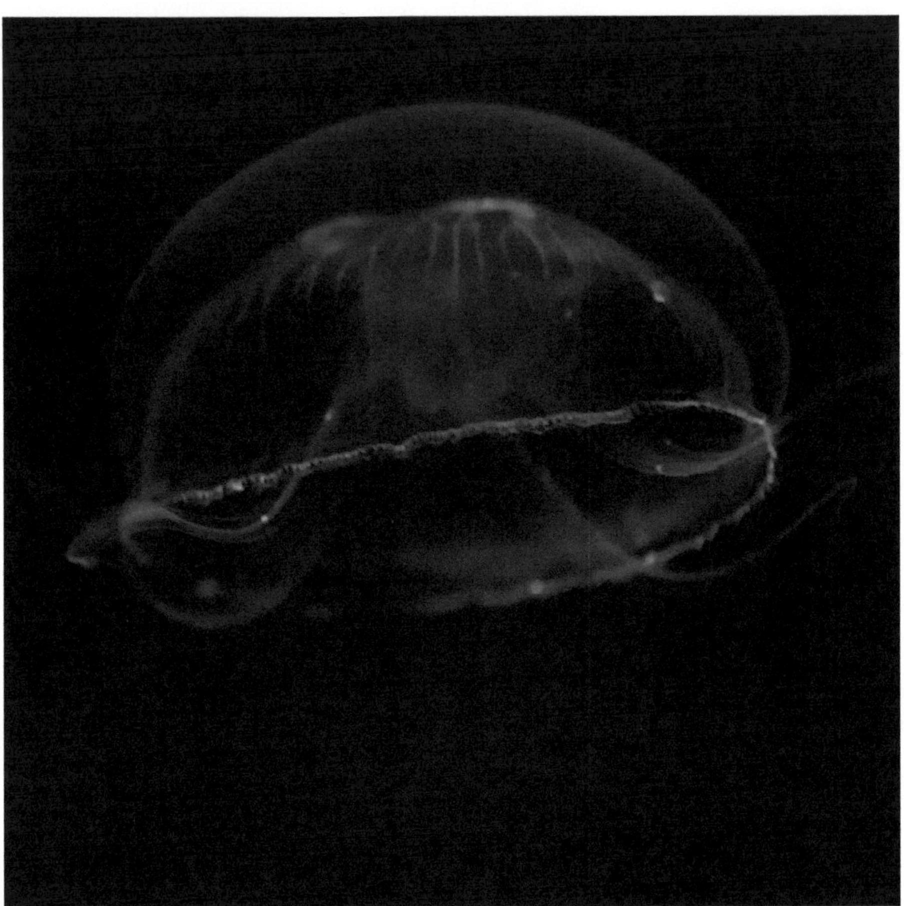

Abbildung 11: Hier habe ich die Gegenlichtblende direkt auf das Glas gesetzt und gewartet, bis eine einzelne Qualle durchs Bild schwamm (Canon EF 100 mm Makro, F 2/8, ISO 400, 1/200). Einzelne Schwebeteilchen habe ich per Bildbearbeitung entfernt. Bildquelle: Münchner Tierpark Hellabrunn

Tipps für die Kompaktkamera

Bei klarem Wasser können Sie im Makromodus direkt an der Scheibe fotografieren. Bei trübem Wasser wird das Ergebnis nicht so schön, da die automatische Bildbearbeitung in der Kamera die Schwebeteilchen aufhellt. Treten Sie dann lieber einen Schritt nach hinten und nehmen Sie den Fisch oder das Becken im Weitwinkelmodus auf.

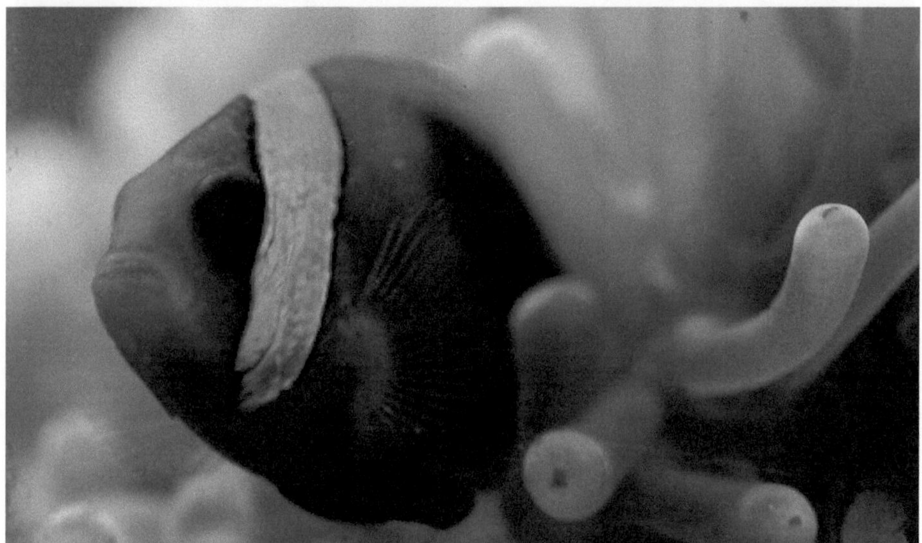

Abbildung 12: Kompaktkamera im Makromodus. Bei klarem Wasser kann man dicht an der Scheibe fotografieren. Der Abstand beträgt hier ca. 2 cm.

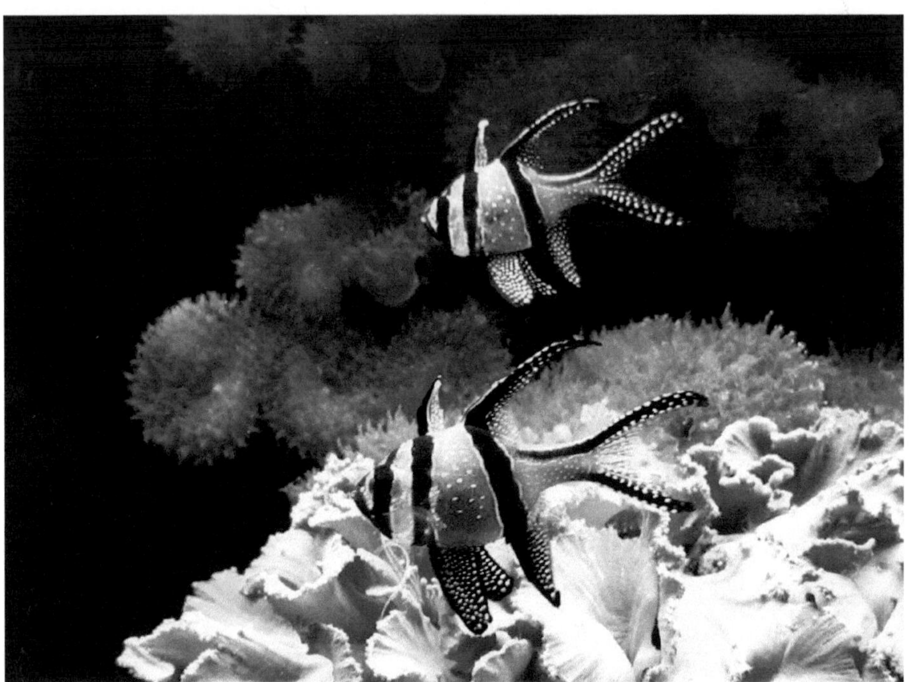

Abbildung 13: Kompaktkamera im Weitwinkelmodus. Der Abstand zum Glas beträgt ca. 50 cm. Bildquelle: Münchner Tierpark Hellabrunn

Problem 4: Flecken und Kratzer auf der Scheibe und störende Schwebeteilchen im Wasser

Oft sieht man sie erst bei der Durchsicht der Fotos daheim: Flecken und Kratzer auf der Scheibe oder Schwebeteilchen im Wasser. Gerade die unteren Bereiche der Scheiben sind häufig schmutzig und in den Ecken bilden sich gerne Algen.

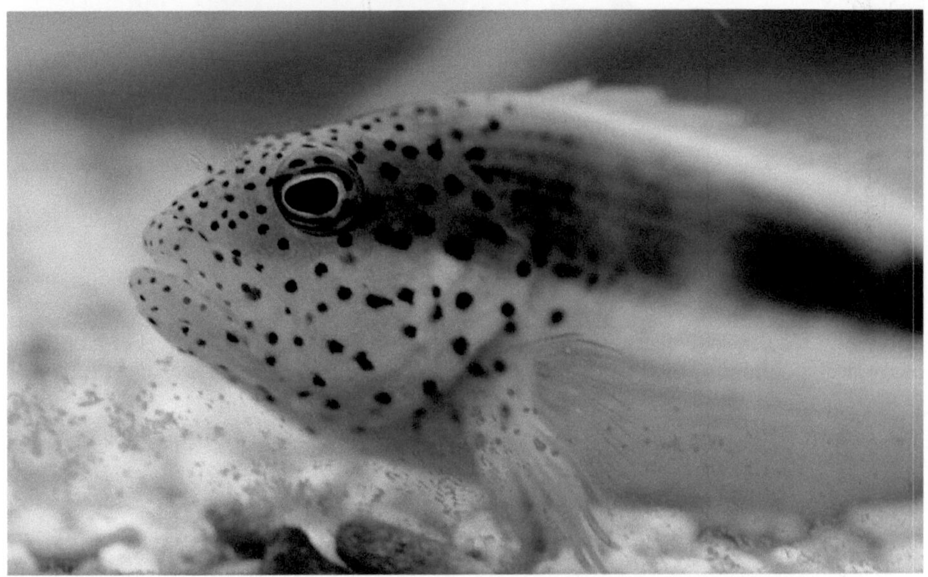

Abbildung 14: Die Algen auf der Scheibe sind im unteren Bilddrittel deutlich sichtbar.

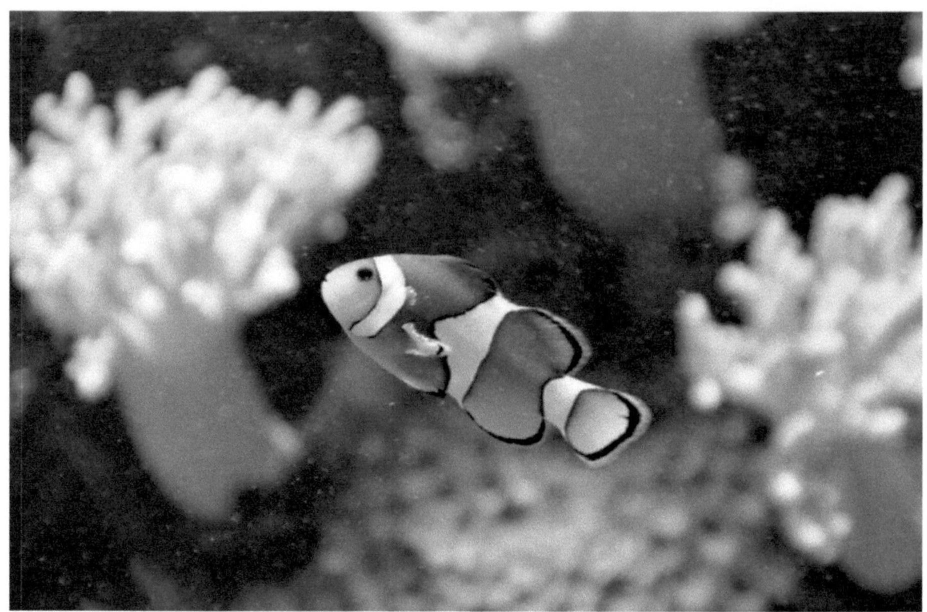

Abbildung 15: Die Schwebeteilchen werden als weiße Pünktchen sichtbar. Hier ist Bildbearbeitung gefragt.

Lösung:

Achten Sie schon bei der Wahl des Motivs auf den Vordergrund. Schon wenige Zentimeter weiter links oder rechts kann die Scheibe schon viel sauberer sein. Vereinzelte Schwebeteilchen im Wasser sind nicht so schlimm, sie können bei der Nachbearbeitung der Bilder entfernt werden.

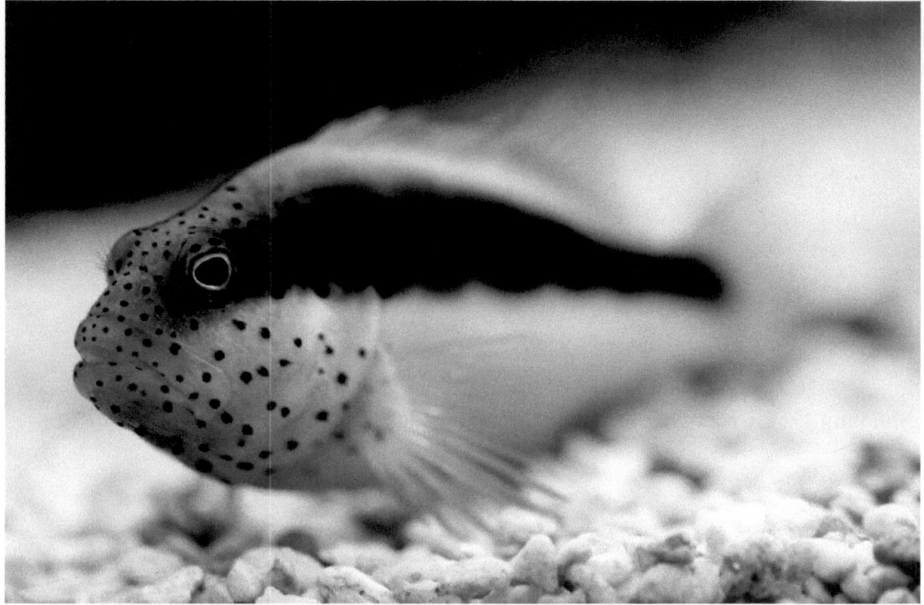

Abbildung 16: Fisch ohne Algen: Hier musste ich nur darauf warten, bis der Fisch ein paar Zentimeter bis zu einer sauberen Glasstelle weitergeschwommen war.

Problem 5: Fische sind verdammt schnell.

Viele Fische bewegen sich sehr schnell und abrupt. Und natürlich meistens genau dann, wenn man auf den Auslöser drückt. Das Resultat: Unscharfe Bilder.

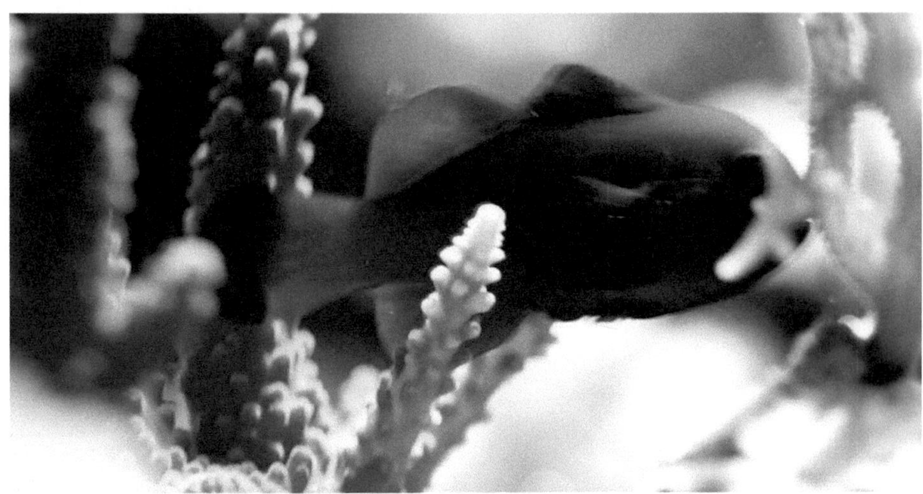

Abbildung 17: Ein schneller Fisch schwimmt aus dem Bild.

Lösungen

Geduld und ein Stativ

Verlieren Sie nicht die Geduld. Machen Sie ruhig mehrere Aufnahmen von einer Situation und verwenden Sie falls möglich ein Stativ. Ansonsten stützen Sie zur Stabilisierung die Ellbogen am Körper ab.

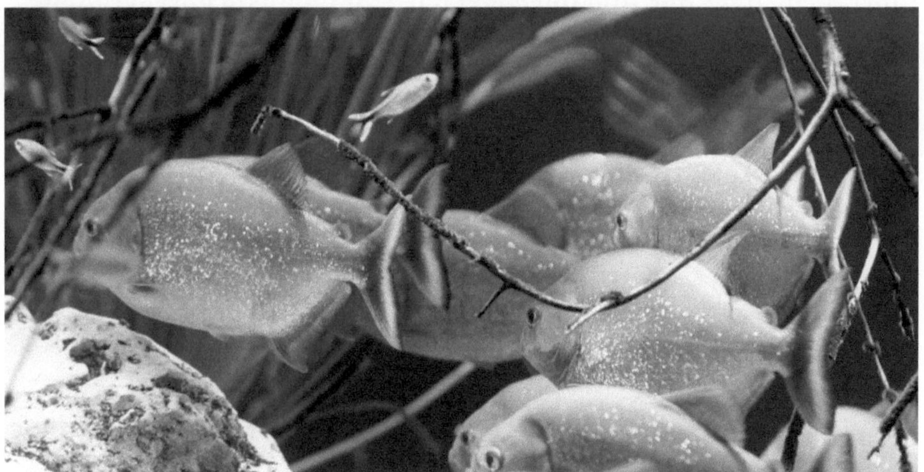

Abbildung 18: Das Üben an ruhigen Fischen in einem gut ausgeleuchteten Aquarium, wie z. B. an Piranhas, ist für ungeduldige Fotografen ideal. Bildquelle: Münchner Tierpark Hellabrunn

Kurze Belichtungszeit

Wählen Sie eine möglichst kurze Belichtungszeit. Die Belichtungszeit sollte mindestens dem Kehrwert der Brennweite entsprechen (z.B. 50 mm = 1/50 oder 100 mm = 1/100).
Probieren Sie ruhig auch eine noch kürzere Belichtungszeit aus – dunkle Fotos kann man in der Nachbearbeitung noch etwas aufhellen. Überprüfen Sie immer wieder die Ergebnisse und passen Sie gegebenenfalls die Kameraeinstellungen an.

Um kurze Belichtungszeiten zu erreichen, sollten Sie nicht zu stark abblenden. Verwenden Sie am besten maximal Blende 4; je lichtstärker Ihr Objektiv ist, desto besser. Auch ein schneller Autofokus hilft hier ungemein.

Tipps für die Kompaktkamera

In Kompaktkameras arbeitet häufig ein langsamer Autofokus. Das führt dazu, dass das Bild unscharf wird, obwohl Sie korrekt fokussiert haben. Schalten Sie statt des Mehrfeld-Autofokus den Spotmodus ein und fokussieren Sie möglichst vor. Dazu richten Sie den Sucher auf einen anderen Fisch oder ein gleich weit entferntes Objekt und drücken den Auslöser halb herunter. Halten Sie den Auslöser und drücken Sie ihn erst dann komplett herunter, sobald der Fisch komplett im Bild ist.

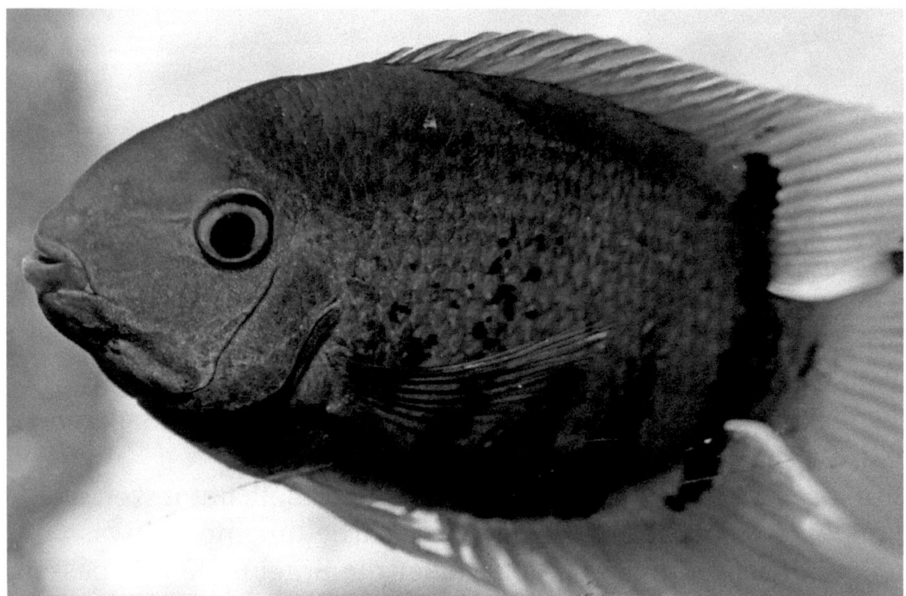

Abbildung 19: Kompaktkamera im Makromodus. Der Fisch schwamm immer wieder an der gleichen Stelle vorbei, so dass ich auf ihn vorfokussieren konnte. Ich habe mehrere Versuche gebraucht, um ihn so zu erwischen. Bildquelle: Münchner Tierpark Hellabrunn

Abbildung 20: Kompaktkamera im Makromodus. Quallen sind schnell und das Becken war schwach beleuchtet. Das Ergebnis war ein unscharfes, aber dennoch interessantes Foto. Bei der nachträglichen Bildbearbeitung habe ich die Schwebeteilchen entfernt, den Kontrast heruntergesetzt und die Qualle ganz leicht weichgezeichnet. Bildquelle: Münchner Tierpark Hellabrunn

Problem 6: Kleine Fische

Kleine Fische sind oft besonders schön. Leider sind sie auch schwer zu fotografieren.

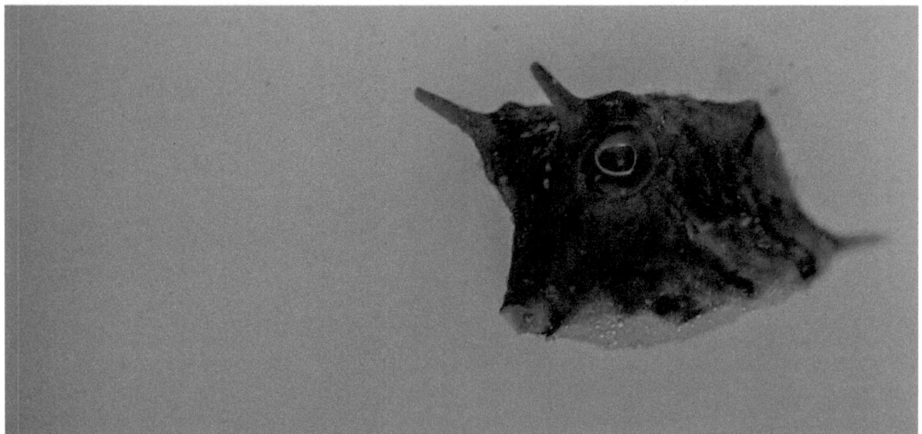

Abbildung 21: Dieser daumennagelgroße Kuhkofferfisch war für mich ein besonders schönes und gleichzeitig herausforderndes Motiv.

Lösung: Ein Makroobjektiv

Kleinen Fischen rücken Sie am besten mit einem Makroobjektiv an der Spiegelreflexkamera bzw. mit der Kompaktkamera im Makromodus zu Leibe. Allerdings ergibt sich so auch gleich ein neues Problem: Die geringe Schärfentiefe. Wenn man sich das Bild wie ein geschnittenes Toastbrot vorstellt, wird nur eine bestimmte Brotscheibe scharf dargestellt, der Rest verschwimmt in Unschärfe. Grundsätzlich ist das allerdings ein schöner Effekt, den man kreativ nutzen kann.

Tierfotos werden besonders schön, wenn zumindest das dem Betrachter zugewandte Auge scharf dargestellt wird. Die Augen eines Fischs sind von vorne schwer zu erfassen. Machen Sie deshalb Aufnahmen aus allen Positionen und überprüfen Sie Ihre Ergebnisse.

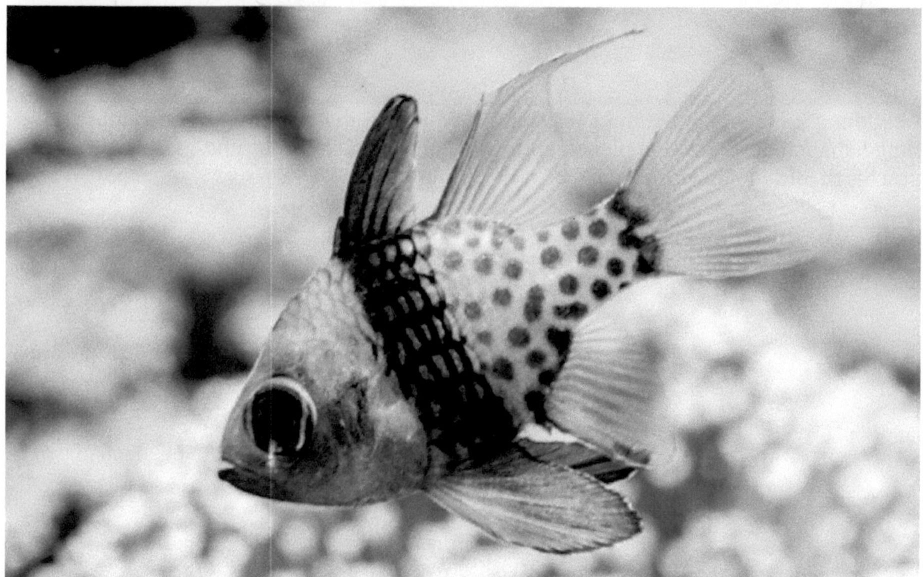

Abbildung 22: Ein kleiner Fisch von der Seite fotografiert. (Canon EF 100 mm Makro, F/2,8, ISO 320, 1/50) Bildquelle: Münchner Tierpark Hellabrunn

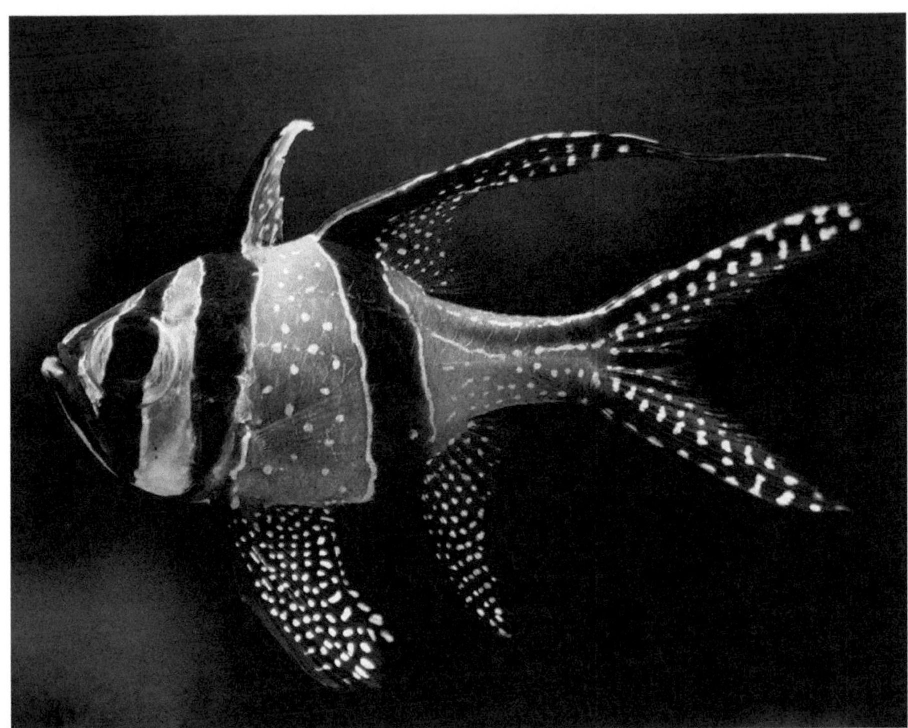

Abbildung 23: Kompaktkamera im Makromodus. Bei der nachträglichen Bildbearbeitung habe ich die Schwebeteilchen entfernt, den Kontrast erhöht und ganz leicht nachgeschärft. Bildquelle: Münchner Tierpark Hellabrunn

Zusammenfassung

1. Nicht blitzen! Fische sind lichtempfindlich.

2. Verwenden Sie ein Objektiv oder eine Kompaktkamera mit Bildstabilisator, hoher Lichtstärke und geringer Naheinstellgrenze.

3. Achten Sie darauf, dass Ihre Kamera einen schnellen Autofokus hat.

4. Stellen Sie je nach Motiv eine möglichst kurze Belichtungszeit oder eine passende Blendenzahl ein.

5. Begrenzen Sie den ISO-Wert, um Bildrauschen zu vermeiden.

6. Positionieren Sie sich bzw. die Kameralinse möglichst parallel zur Aquarienscheibe.

7. Fokussieren Sie auf das dem Betrachter zugewandte Auge.

Werden Sie kreativ!

Verbinden Sie Ihr Motiv mit dem Hintergrund und zeigen Sie etwas aus dem Lebensraum oder setzen Sie außergewöhnliche Details in Szene.

Hier noch ein paar Bildbeispiele.

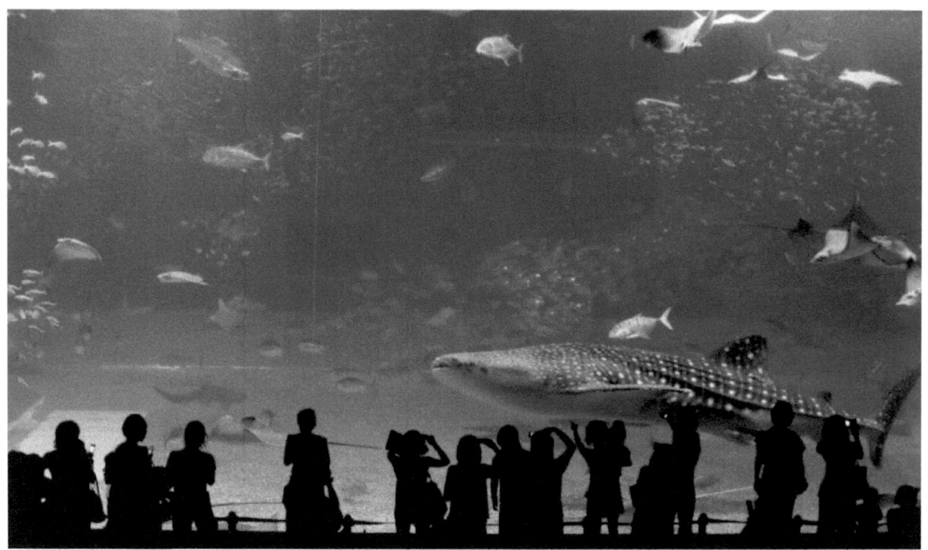

Abbildung 24: Ab und zu lohnt sich ein Schritt nach hinten, um die Größe eines Beckens zu zeigen. Bildquelle: Norman Thomas, Okinawa-Churaumi-Aquarium

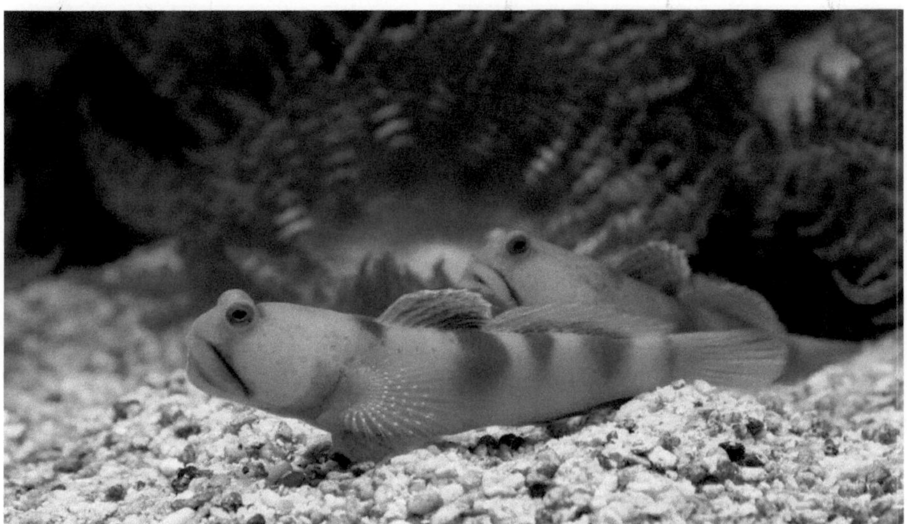

Abbildung 25: Die Drittel-Regel ist ein Gestaltungsgrundsatz der Fotografie. Sie besagt, dass Fotos für das Auge gefälliger werden, wenn sich der Horizont im dem unteren Bilddrittel befindet. Das kann man auch bei Aquarienfotos einsetzen Bildquelle: Münchner Tierpark Hellabrunn

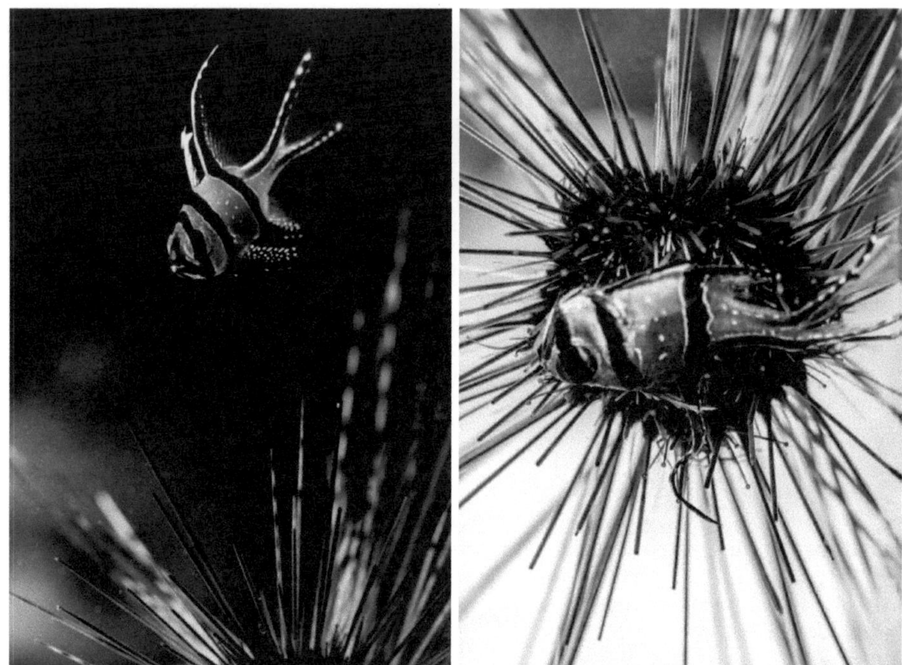

Abbildung 26: Fressen und gefressen werden. Fotos, die eine Geschichte erzählen, fesseln ihre Betrachter besonders.

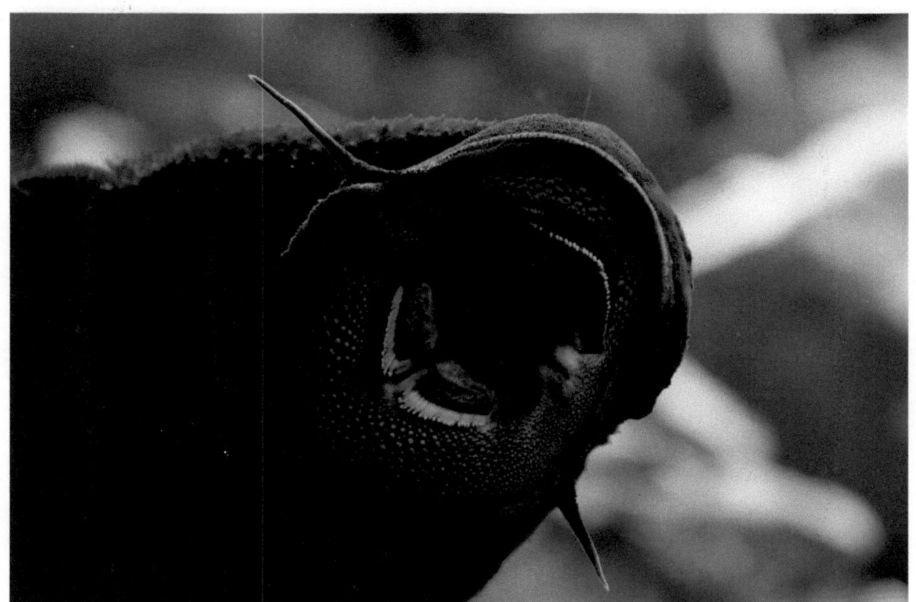

Abbildung 27: Detailaufnahmen. Ein Saugwels von vorne ist ein ungewöhnlicher An-
blick. Bildquelle: Münchner Tierpark Hellabrunn

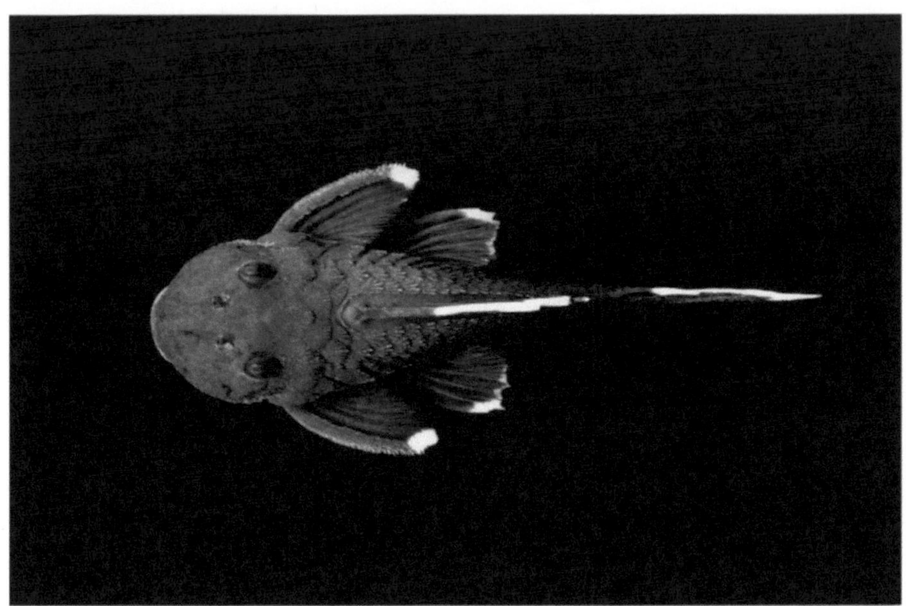

Abbildung 28: Der graue Saugwels vor schwarzem Aquarienhintergrund ist sehr reduziertes Motiv. Interessant wird der Fisch vor allem durch seine weißen Flossenspitzen.

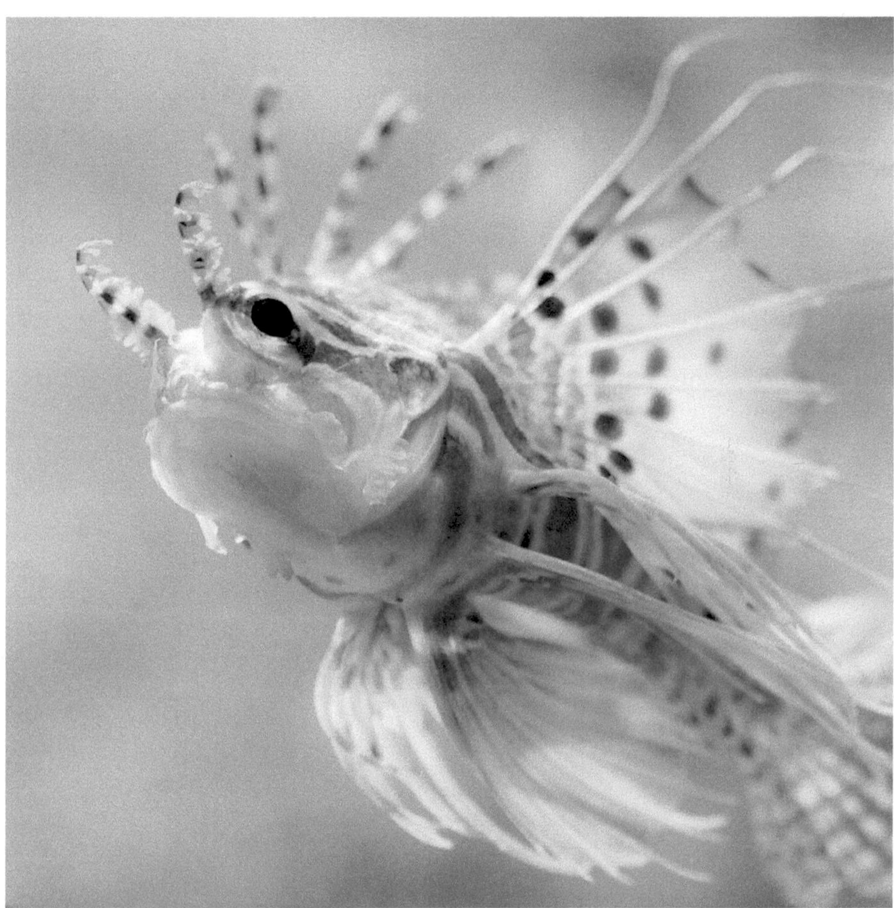

Abbildung 29: Wie ein Buch lesen wir in Europa auch ein Foto von links nach rechts. Der Rotfeuerfisch schwimmt dem Betrachter so geradewegs entgegen. Bildquelle: Münchner Tierpark Hellabrunn

Bildbearbeitung – Kurz und schmerzlos

Sollte man Bilder überhaupt bearbeiten? Ich persönlich mache es vom Foto abhängig. Manche gefallen mir auch ohne Bearbeitung schon gut, bei anderen helfe ich etwas nach.

Auf meinen Fischfotos stören mich vor allem die Schwebeteilchen, die als weiße Pünktchen oder Striche erscheinen. Sie sind die hellsten Stellen im Bild und fallen dem Betrachter deshalb sofort auf.

Wie Sie Ihr Fischfoto mit wenigen Klicks verbessern können, möchte ich abschließend an einem Beispiel erklären:

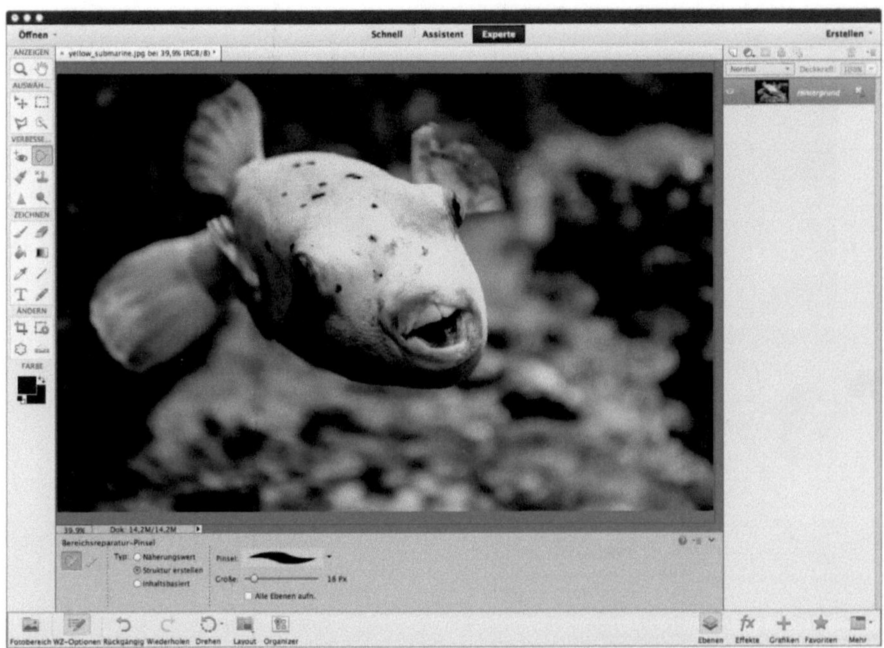

Abbildung 30: Der Arbeitsbildschirm von Photoshop Elements 11

In diesem Beispiel verwende ich das Programm Photoshop Elements 11. Die Werkzeuge stehen Ihnen – eventuell unter einer anderen Bezeichnung – auch bei anderen Bildbearbeitungsprogrammen zur Verfügung.

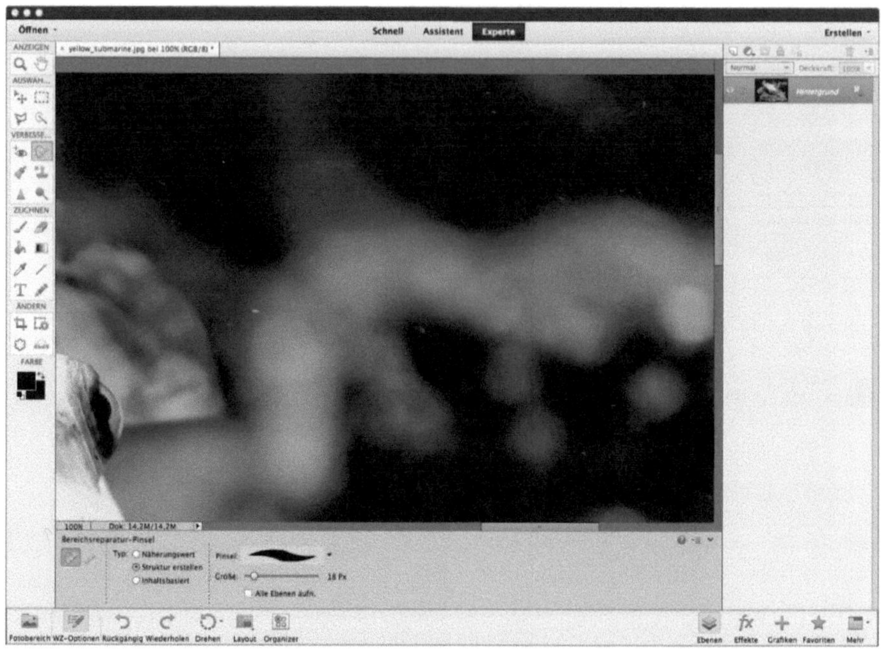

Abbildung 31: Der Bereichsreparatur-Pinsel im Einsatz

Mit dem Bereichsreparatur-Pinsel können Sie zunächst alle als weiße Pünktchen sichtbaren Schwebeteilchen entfernen, indem Sie einfach darauf klicken.

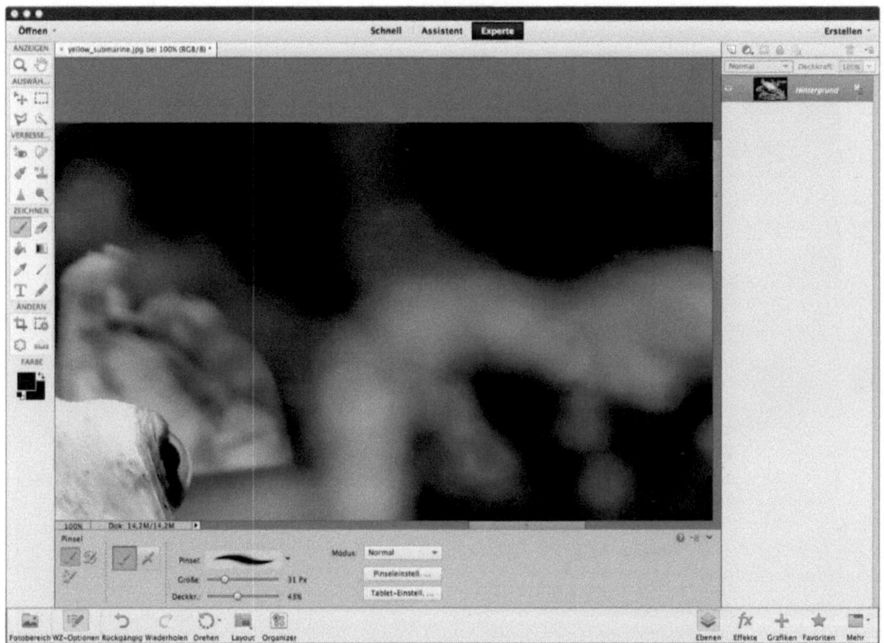

Abbildung 32: Die Deckkraft des Pinsels stellen Sie am untersten Schieberegler in der Bildmitte ein.

Schwierigen Stellen und großen Punkten rücken Sie am besten mit dem Pinsel zu Leibe. Hierfür nehmen Sie mit der Farbpipette zunächst die Umgebungsfarbe auf und überpinseln die weißen Punkte vorsichtig mit reduzierter Deckkraft.

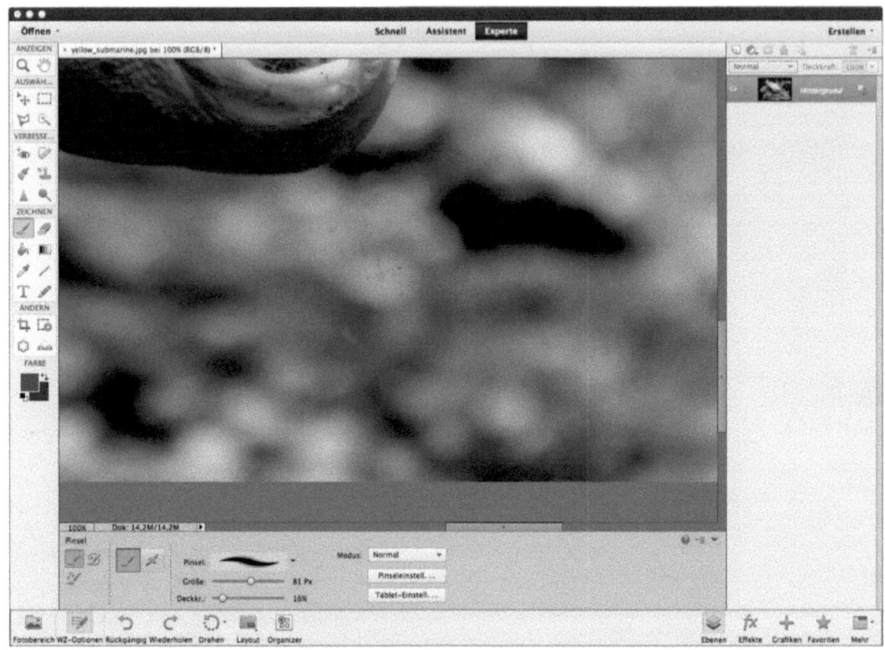

Abbildung 33: Der Pinsel als Algenentferner

Auch leichte Verschmutzungen auf der Glasscheibe können Sie mit dem Pinsel-Werkzeug entfernen.

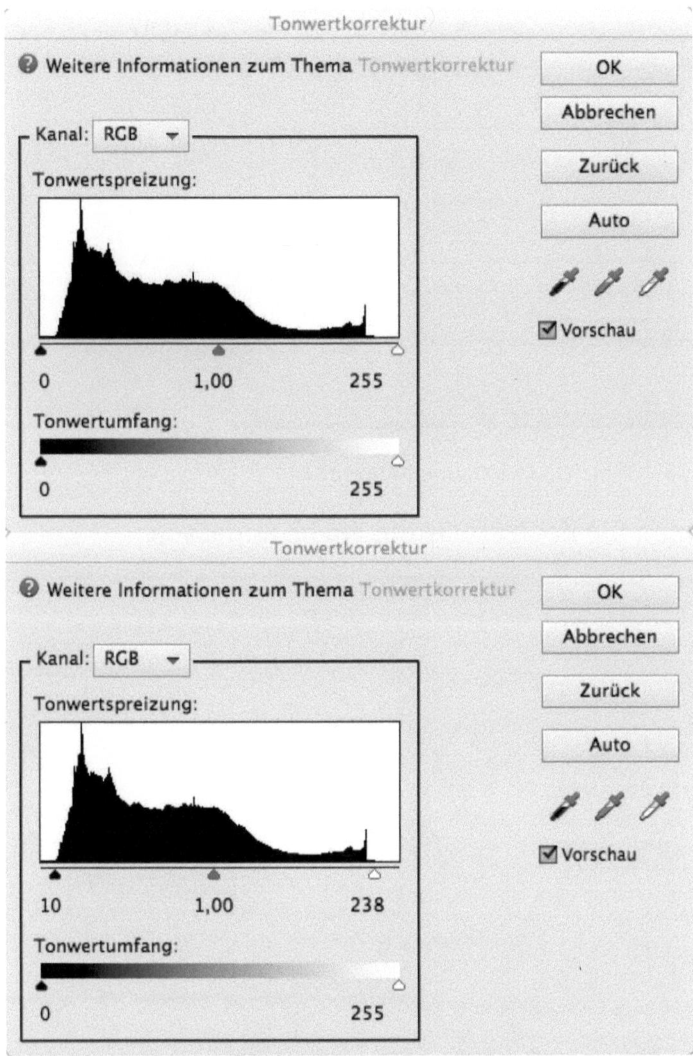

Abbildung 34: Das richtige Licht per Tonwertkorrektur erzeugen.

Bei der anschließenden Tonwertkorrektur schieben Sie die Regler in die Bereiche mit Farbinformationen (schwarze Kurven). Dadurch gewinnt das Bild an Farbe und Kontrast.

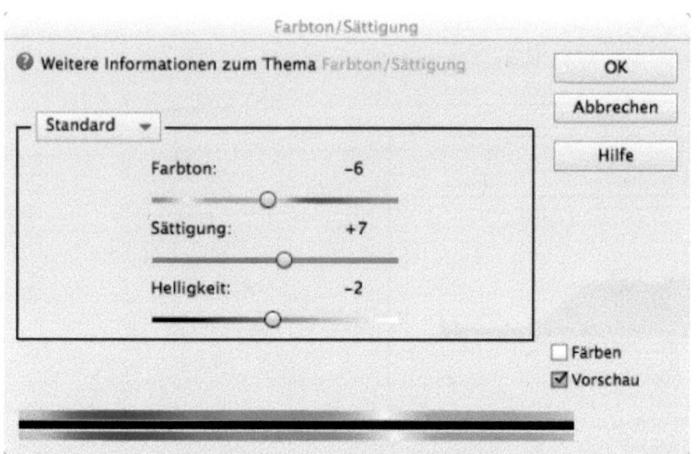

Abbildung 35: Nachj dem Licht kommt die Farbe.

Nun können Sie noch etwas die Farbe anpassen.

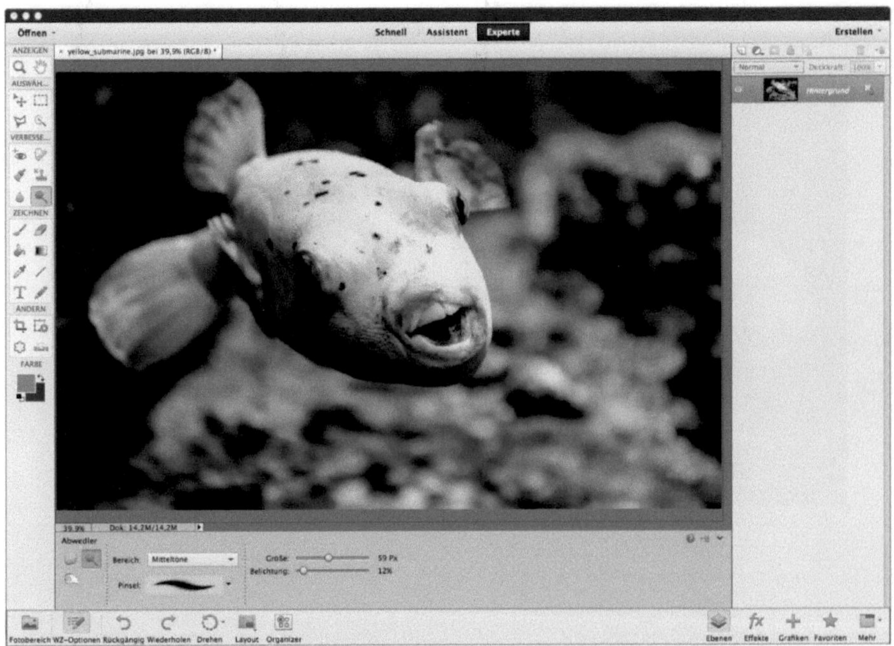

Abbildung 36: Licht in dunkle Stellen bringen

Mit dem Abwedler-Werkzeug können Sie zu dunkle Stellen etwas aufhellen, hier z.B. das rechte Auge.

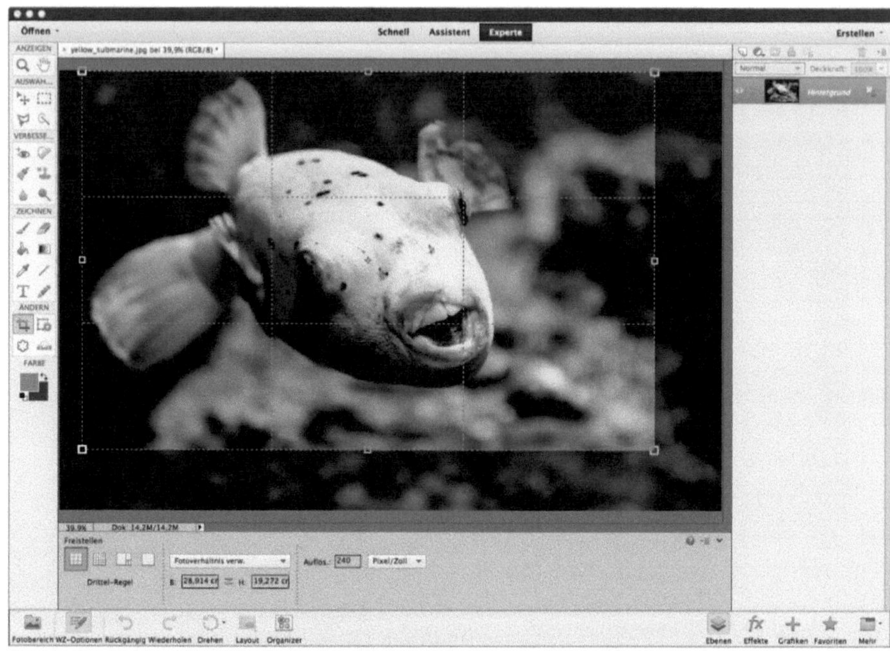

Abbildung 37: Den Bildausschnitt optimieren.

Und zu guter Letzt können Sie das Foto noch etwas beschneiden. Wenn Sie die Drittel-Regel berücksichtigen wollen, können Sie sich Hilfslinien einblenden.

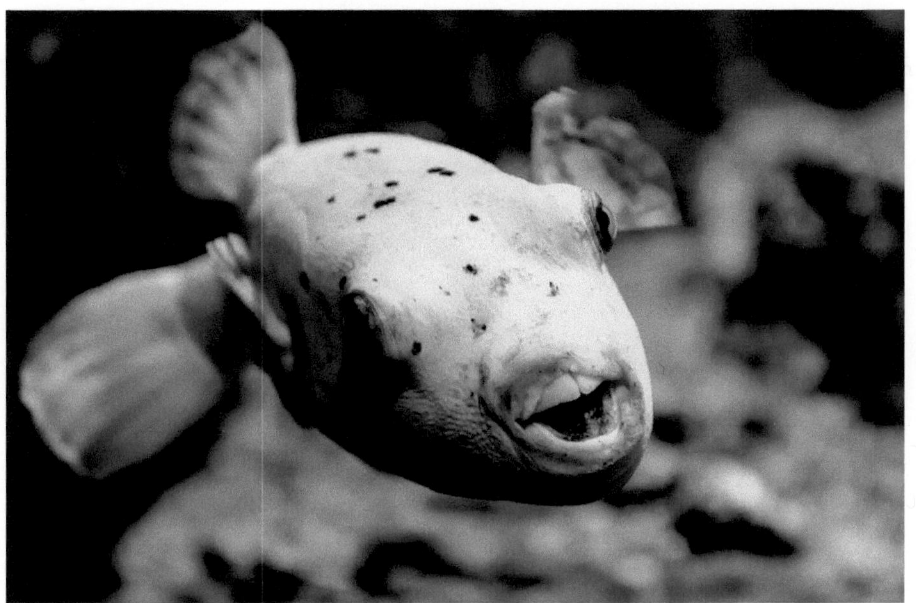

Abbildung 38: Das fertige Bild. Bildquelle: Tierpark Hellabrunn, München

Mein Ergebnis. So habe ich den Kugelfisch gesehen und erlebt.

Die Fotos entstanden im Münchner Tierpark Hellabrunn und in privaten Aquarien. Ich danke dem Münchner Tierpark Hellabrunn für die Unterstützung und die freundliche Genehmigung.